Ce qui tue le ministère

Dans la même collection DES IDÉES ET CROYANCES

Dieu a besoin de la Jeunesse de Jonathan Diana

REDDY ANTOINE Mbala

Ce qui tue le ministère

DES IDÉES ET DES CROYANCES

Éditions Colline Inspirée

©Éditions Colline Inspirée, 2022
+ 243 812 141 719
Kinshasa – RD Congo
ISBN :979-8-4471-0257-9
Dépôt légal : Avril 2022

Sommaire

AVANT-PROPOS

Une livre riche qui parle de la réalité actuelle que traversent les chrétiens depuis un certain temps. Au fur et à mesure que le monde évolue, la parole de vérité disparait de la vie chrétienne. Ceux qui sont appelés à partager le message sont emportés par la vague impétueuse du diable à travers la nouvelle ère.

Ce support est fait pour réveiller la conscience du peuple de Dieu pour une mission que le seigneur nous a tous léguée, mais spécifique pour chacun. Ainsi dit, tout chrétien a une mission à accomplir sur terre. A savoir que le ministère ne se limite pas aux 5 énumérés dans la bible (Ephésien 4 :11), tout homme est appelé à une mission qui lui est propre. Ce livre nous éclaire sur la question de savoir ce que c'est notre mission. Il nous permet non seulement de comprendre notre mission, mais il nous offre des moyens pour arriver à l'accomplir, peu importe dans quel stade nous sommes : encourager ceux qui sont en processus d'accomplissement de leur mission et fortifier ceux qui sont tombés dans le piège du diable, car notre Dieu est miséricorde.

Ce support a été un guide pour moi, car

le seigneur m'a enseigné à travers ceci avant d'être appelé pour une mission préalablement établie par lui. J'étais personnellement persuadé et inspiré d'écrire un support qui devrait s'intituler CE QUI TUE LE MINISTÈRE. Gloire et louange soient rendues à Dieu, car aujourd'hui n'est plus qu'un rêve.

Comme toute œuvre humaine, les imperfections et les difficultés ne manquent pas. J'ai rencontré d'énormes difficultés pour atteindre l'objectif, sans le soutien de l'Éternel, je ne pouvais pas y arriver.

Dans l'espoir que cette œuvre soit bénéfique pour quiconque l'occasion lui sera présentée de l'avoir et pour celui qui aurait la chance de le lire, je vous souhaite bonne lecture. Que l'Éternel vous bénisse.

INTRODUCTION

Shalom, bien-aimés dans le seigneur ; c'est avec un cœur rempli d'enthousiasme que nous écrivions cette brochure pour édifier le peuple de Dieu. Et, nous fortifier dans le service que nous nous exercions quotidiennement pour la bonne marche du corps du Christ qui est l'Église. Pour cette raison, nous avons choisi de porter notre réflexion autour du thème « **CE QUI TUE LE MINISTERE** ». Étant donné que Dieu nous a tous confié une mission et un talent précieux qui doivent être exercés quotidiennement, nous devons noter que les imperfections ne manquent pas, voilà pourquoi nous avons choisi ce thème qui sera développé en deux mots clés : **Ministère** et **Tuer.** Nous espérons par la grâce du seigneur que nous serions en mesure de partager notre connaissance avec vous et que ceci soit bénéfique à l'égard de peuples de Dieu. Bonne lecture à tous.

I. LE MINISTERE

➢ Par définition le ministère désigne un service ou une tâche qu'exerce une personne pour rendre compte à une autre personne qui lui est généralement supérieure. Fonction des ministres chargés du soin des affaires publiques et dont l'ensemble constitue le gouvernement.

➢ Bibliquement, c'est une fonction qu'exerce un serviteur ou un appelé de Dieu pour accomplir une mission bien établie. (Exode 3 :10 ; juges 6 :11-16 ; actes 26 :13-18).

Un service équitable établi par Dieu pour le bon fonctionnement de son Église. La bible nous enseigne que tout être humain a une mission établie par Dieu lui-même. Par conséquent dès l'enfance nous sommes appelés à en accomplir une selon notre destinée. Juges 6 :11-16 : Gédéon était le plus petit de la maison de son père, mais il fut choisi et renommé << vaillant héros >> lui qui n'a jamais combattu, pas un seul combat. Cependant tous les ministres de Dieu sont choisis par lui-même Dieu. Jérémie 1 :5.

I.1. Le choix

« Il y avait un homme dans la bible, Manoach, dont la femme était stérile. Un jour un ange de l'Eternel apparut à sa femme et lui dit : voici tu es stérile et tu n'as point d'enfants, tu deviendras enceinte, et tu enfanteras un fils. » Juges 13 :1-3. Cette histoire de la naissance de Samson nous montre plus ouvertement comment Dieu choisit ses ministres pour une quelconque mission. Samson, avant même qu'il ne voie le jour, Dieu lui a établi "juge" pour sauver le peuple israélien dans la captivité des Philistins. L'Eternel, étant le maitre d'une mission, et demeurant ainsi le seul à porter le choix sur ses missionnaires, il leur dispose, dans ce cas, des moyens et outils préalables dans l'accomplissement de celle-ci.

« Maintenant, prends bien garde, **ne bois ni vin ni liqueur forte, et ne mange rien d'impur**. Car tu vas devenir enceinte et tu enfanteras un fils. **Le rassoir ne passera point sur sa tête**, parce que cet enfant sera consacré à Dieu dès le ventre de sa mère ; et ce sera lui qui commencera à délivrer

Israël de la main des Philistins. » Juges 13 :4-5. L'histoire de Samson nous révèle beaucoup de choses, qui, à leur tour, en dévoilent aux bergers des préceptes leur conseillant ainsi de porter, de près, attention à la vie de chaque brebis afin qu'elle ne s'égare point du chemin de la volonté divine.

- **<u>Les préalables</u>**

L'histoire de Samson nous montre, sur certains points bien évidemment, des conditions à respecter, ainsi des principes à suivre afin d'aboutir à une mission précise :

Première condition : « Ne bois ni vin ni liqueur forte et ne mange rien d'impur ». Dit l'ange à la femme, mère de Samson. La toute première condition a été posée à la mère, elle qui, en soi, ne faisait bienséamment pas partie de la mission, mais, était contrainte de la respecter pour que la mission soit accomplie.

Une femme représente la famille, un parent, un responsable, étant un cerveau de l'éducation familiale, il est nécessaire à chaque parent de connaitre la mission de son enfant afin de bien l'encadrer.

Certaines missions sont tombées à cause de manque d'encadrement et non-respect de préalable instruit par Dieu. La femme était contrainte de ne pas boire du vin ni de la liqueur forte, car l'enfant était consacré par Dieu. De nombreux parents sont des acteurs principaux des échecs de leurs enfants en négligeant les conditions données par Dieu.

Je souhaite marteler sur les deux types des parents.

1. **Parent biologique** : Ensemble de deux personnes de sexe différent qui se réunissent pour vivre ensemble et créer une famille.

C'est à travers les parents que nous prenions naissance, les enfants sont des progénitures de ses parents. Et chaque parent à une obligation d'encadrer ses enfants pour la réussite de son ministère. Luc 2 :39-41

Tout commence par le **NOM**, les parents doivent faire attention en donnant à leurs enfants le nom, car le nom à une forte influence dans la vie quotidienne d'un homme. " Le huitième jour, auquel l'enfant devait être circoncis, étant arrivé, on lui donna le nom de **Jésus**, nom qu'avait indiqué l'ange avant qu'il soit conçu dans les entrailles de sa mère " Luc 2 :21. Dans ce paragraphe biblique, nous trouvons les parents de notre sauveur Jésus-Christ donnant le nom à leur enfant tout en respectant les lois de moïse et de l'ange qu'il leur avait instruit.

Jésus, dans sa signification, est **Dieu sauve** ou **Sauveur**, rien que le nom donne une influence de bonheur, de nombreux parents ont du mal à donner à leurs enfants le nom, certains vu la circonstance de la naissance de l'enfant qu'il lui donne le nom. Genèse 25 :24-26 : « Isaac donna à ses jumeaux le nom, le premier était Esaü et le second était Jacob ; car il a retenu son frère par le talon. Si nous parcourons l'histoire de Jacob nous trouverons qu'il a voulu acheter le droit de naisse de son frère jusqu'à ce qu'il soit parvenu à voler la bénédiction de son frère.

Le nom a une influence dans notre vie. Jacob, dans toute sa vie, il n'avait que des problèmes jusqu'à ce qu'il a rencontré un homme, le Sauveur de l'humanité. « Jacob demeura seul. Alors un homme lutta avec lui jusqu'à la levée de l'aurore. Voyant qu'il ne pouvait le vaincre, cet homme le frappa à l'emboiture de la hanche, et l'emboiture de la hanche de Jacob se démit pendant qu'il luttait avec lui. Il dit, laisse-moi aller, car l'aurore se lève. Et Jacob répondit : je ne te laisserai point aller que tu ne m'aies **béni**. Il lui dit quel est ton nom ? Et il répondit : Jacob. Il dit encore : **Ton nom ne sera plus Jacob, mais tu seras appelé Israël**, car tu as lutté avec Dieu et avec des hommes, et tu as été vainqueur. » Genèse 32 :24-28.

La personne qui a volé la bénédiction de son frère n'était-elle pas bénie pour chercher encore une autre ? Pourquoi l'ange de l'éternel avant qu'il le bénisse lui a changé le **nom ?** C'est parce qu'il a lutté seulement contre l'ange et les hommes ? Ou son nom ne correspondait pas à la bénédiction de Dieu ? Chers parents, ne soyez pas une occasion de chute du ministère de votre enfant, car l'enfant peut être choisi, mais son nom portera des influences.

« Or, l'enfant croissait et fortifiait. Il était rempli de sagesse et la grâce de Dieu était sur lui, les parents de Jésus allaient chaque année à Jérusalem, à la fête de pâque. » Luc 2 :40-41. Aller à la fête de pâque était une habitude pour Jésus et ses parents. La personne peut être choisie, mais il a besoin **d'un encadrement, une éducation de base, un modèle à suivre.** Car ce n'est pas à l'âge d'enfance que son ministère se manifestera. Même Jésus-Christ a commencé son ministère à 30 ans.

Notre façon de vivre influence la vie de l'enfant, cela veut dire que nous sommes souvent une occasion des échecs de nos enfants. L'Enfant Jésus avait besoin d'un encadrement malgré qu'il soit le fils du Très-Haut. Sur la terre, Jésus était encadré, et a passé 90% de sa vie comme un charpentier. Ce qui a poussé le monde à ne pas croire qu'il est fils de Dieu. Tout parent a l'obligation d'encadrer ses enfants, de leur montrer le chemin à suivre comme a été le cas de Joseph et Marie, mère de Jésus.

2. **Père spirituel** : un sacerdoce, prêtre, ou pasteur. Celui qui s'occupe du culte religieux. Un berger, guide spirituel d'une personne ou d'un groupe des personnes.

« Anne dit : mon seigneur, pardon ! Aussi vrai que ton âme vit, mon seigneur, je suis cette femme qui se tenait ici près de toi pour prier l'Eternel. C'était pour cet enfant que je priais, et l'Eternel a exaucé la prière que je lui adressais. Aussi je veux le prêter à l'Eternel, il sera toute sa vie prêtée à l'Eternel. Et ils se prosternèrent là devant l'Eternel. » 1 Samuel 1 :26-28. Samuel dès le bas âge habitait à la maison de l'Eternel, sa maman lui a prêté. Samuel pourrait tout manquer sauf la parole de Dieu. Toute sa vie est passée tout près de sacrificateur Eli. 1 Samuel 3 :1. Les hommes de Dieu (pasteur...) ont un grand travail à bâtir. Ils n'ont pas seulement l'obligation d'enseigner le dimanche, mais aussi de suivre de près la vie de chacun de ses fidèles pour leur émergence. Toute personne est appelée à une mission à accomplir. Si au moins les parents biologiques peuvent rater cette occasion d'encadrer les enfants, un père spirituel ne le peut pas. Car, il est le dernier virage pour l'accomplissement d'une mission de ce dernier. 1 Samuel 3 :8-11.

L'Eternel peut te choisir, mais il est nécessaire que les parents et les pasteurs ne loupent pas cette occasion, tout choix est porté par Dieu comme il a choisi tant de prophète et autres serviteurs, mais l'encadrement est nécessaire, Samuel ne pourrait pas accomplir son rôle s'il n'était pas tout près de sacrificateur Eli.

Deuxième condition : « Le rasoir ne passera point sur sa tête » les parents peuvent bien faire ses travaux, mais la deuxième condition nécessite la conscience de la personne appelée au ministère.

Jésus, à l'âge de douze ans, resta au temple pendant trois jours, tandis que sa mère et son père lui cherchèrent, voilà qu'il le trouva au temple tout autour des docteurs de la loi. Sa maman lui posa cette question : pourquoi as-tu fait cela ? Ton père et moi, nous te cherchions avec angoisse. Il leur répondit : pourquoi me cherchez-vous ? **Ne saviez-vous pas qu'il faut que je m'occupe des affaires de mon père ?** Luc 2 :42-49. Déjà à l'âge de douze ans, Jésus comprenait son importance dans la maison de l'Eternel. C'est un âge d'adolescence où tous les enfants cherchent à se positionner, à se faire sentir leurs propres besoins. Difficile à nos jours à cette étape de choisir pour lui un style de cheveux, surtout chez les garçons. Il est nécessaire que l'enfant soit bien éduqué pour que ses sentiments d'enfance ne lui entrainent pas dans le mal.

C'est avec plaisir que Jésus a voulu rester si longtemps dans la présence de Dieu. Ce zèle de rester là est nécessaire pour nous tous. Un enfant de Dieu doit sentir cette volonté de vivre longtemps dans la présence de Dieu. Être choisi ou pas, il est nécessaire de ressentir cette passion. Jonas se détournait de la mission pour s'enfuir à Tarsis. Jonas 1 :3. Dieu choisi, mais ce qui compte c'est la volonté de la personne choisie, sinon son ministère pourrait mal tourner.

I.2. Appel

Appel : action d'appeler par la voix, par un geste ou par tout autre signal. Entrer en communication par l'intermédiaire d'un émetteur.

« L'éternel appela de nouveau Samuel. Et Samuel se leva, alla vers Eli, et dit : me voici, car tu m'as appelé. Eli comprit que c'était l'Eternel qui appelait l'enfant, et il dit à Samuel : va, couche-toi ; et si l'on t'appelle, tu diras : parle, Eternel, car ton serviteur écoute. Et Samuel alla se coucher à sa place. L'Eternel vint et se présenta, et il appela comme autres fois : Samuel, Samuel ! Et Samuel répondit ; parle, car ton serviteur écoute. » 1 Samuel 3 :8-10.

Samuel était appelé trois fois par Dieu, mais il partait toujours vers Eli. Beaucoup de serviteurs de Dieu ont répondit "oui" à une autre personne. Quelle serait la conséquence néfaste pour Samuel si le sacrificateur Eli n'avait pas compris que l'enfant était appelé par Dieu ?

Il existe, de nos jours, beaucoup de ministres de Dieu lesquels ont répondu à l'appel de Dieu en se prosternant à une autre personne. Samuel était choisi, mais au moment de l'appel, il ne distinguait pas la voix de Dieu et celle du sacrificateur Eli.

- **Quels sont les moyens par lesquels Dieu appelle ses ministres ?**

En réalité, il n'y a pas des moyens fixes par lesquels Dieu appelle ses ministres, car chacun reçoit son appel de la manière que lui-même le Seigneur souhaite.

Nous allons prendre quelques exemples de l'appel de Dieu à ses serviteurs.

1. <u>Par apparition physique</u>

« Moïse faisait paitre le troupeau de Jethro, son beau-père, sacrificateur de Madian ; et il mena le troupeau derrière le désert, et là vint à la montagne de Dieu, à Horeb. L'ange de l'Eternel lui apparut dans une flamme de feu, au milieu d'un buisson. Moïse regarda ; et voici, le buisson était tout en feu, et le buisson ne se consumait point... » Exode 3 :1-5.

Je crois que cette histoire est bien connue de tous, l'apparition spectaculaire de Dieu dans le buisson. Ce qui a tiré Moïse, ce n'était pas la présence de Dieu, mais plutôt l'extraordinaire qu'il a vu. Pour la toute première fois que Dieu apparait de cette manière. Beaucoup d'hommes aussi sont attirés par des spectacles, des extraordinaires. Lorsqu'il cherchait à bien voir, c'est de là que Dieu l'appela. Pour Moise, ce n'était pas la présence de Dieu qui l'avait attiré. Il ne pensait même pas à cela. Le plus important était de voir comment un buisson était tout en feu sans bruler. Combien d'hommes de Dieu sont attirés par l'apparence ? Et se limitent par là ? Juste pour voir ? Le Diable sait que l'homme est attiré par l'apparence, c'est pour cela nous sommes tentés, afin d'échouer à la mission précieuse de Dieu. Si Jésus-Christ qui est notre Sauveur fut tenté par le diable, à combien plus fortes raisons nous, qui sommes ses disciples, serons tentés ? Mais il y a l'espoir, car Jésus-Christ a vaincu le diable, donc nous aussi nous serons de vainqueurs. Luc 4 :5-8.

Moïse tourna pour bien voir, et il a entendu une voix l'appela "Moïse, Moïse !" Et il répondit : me voici. Le plus important était sa réponse, il est nécessaire que la personne appelée réponde à l'appel. Qu'elle connaisse la mission ou pas, mais ce qu'intéresse Dieu, c'est notre réponse à son appel. Actes 9 :4-6

2. <u>Par vision ou songe</u>

« Dieu parle à Israël dans une vision pendant la nuit, et dit : Jacob, Jacob ! Israël répondit : me voici. Et Dieu dit ; je suis le

Dieu, le Dieu de ton père. Ne crains point de descendre en Égypte, car là je te ferai devenir une grande nation. » Genèse 46 :2-3.

Plusieurs personnes sont interpelées par le moyen de vision ou songes, mais parfois ils ont du mal à comprendre que c'est un appel de Dieu. Certaines confessions religieuses ne croient même pas à ça. Un grand défaut. Si Joseph, père de Jésus, n'avait pas cru à sa vision, est-ce que l'Enfant Jésus pourrait survivre à la colère de roi Hérode ? Matthieu 2 :13-15.

Dieu parle à travers des visions, une vision c'est un message secret que personne ne peut attendre ou voir sauf le destinateur du message. Certains disent si je rêve d'un évènement, ça se réalise aussi. Malgré tout ça, ils n'arrivent pas à comprendre que c'est Dieu qui leur parle.

Si nous parcourons la bible, plusieurs serviteurs sont appelés par ces moyens. Malheur à ceux qui négligent cet aspect. Samuel, malgré qu'il ne comprenait pas la personne qui l'appelait, il avait néanmoins compris qu'on l'appelait. Ne soyez pas des ignorants. Dieu a placé ses serviteurs pour nous guider en cas de désorientation. Eli était là jusqu'à ce que Samuel ait répondu à l'appel de Dieu. Nos bergers sont là pour nous guider comme nous avons martelé sur ce point dans des paragraphes précédents.

Bien-aimés, ne soyez pas des ignorants, Dieu parle à travers des visions, comme il a dit au prophète Joël : " je répandrai mon esprit sur toute la chair, vos fils et vos filles prophétiseront, vos vieillards auront des **songes**, Et vos jeunes gens des **visions**." Joël 2 :28

   3. <u>Par la prophétie et les serviteurs de Dieu</u>

« Isaïe l'envoya chercher. Or il était blond, avec de beaux yeux et une belle figure. L'Eternel dit à Samuel : lève-toi, oins-le, car c'est lui ! Samuel prit la corne d'huile, et l'oignit au milieu de ses frères. L'Esprit de l'Eternel saisit David, à partir de ce jour et dans la suite... » 1 Samuel 16 :12-13.

L'un de moyens efficaces que Dieu utilise aussi pour appeler ses ministres vers une mission, David qui ne savait pas qu'il devrait être roi un jour, subitement le choix était porté sur lui, le plus jeune de la maison de son père. Beaucoup sont choisis et appelé de cette manière, mais difficile à incarner son rôle, parce qu'ils pensent c'était de discours de flatterie, rien que des poèmes qui ne se réalisent pas. Certains disent que c'est leur façon de chercher quoi à vivre.

D'autres sont impatients d'attendre le bon moment. David, malgré qu'il fût choisi, il lui a fallu attendre encore. Il a vaincu Goliath, mais ce n'était pas toujours le bon moment. Jusqu'à ce que Saül soit mort, David ne régna toujours pas sur toute Israël. Ce n'est qu'après (7) sept ans et demi que David régna sur l'Israël entier.

C'est pour cela, il faut demander l'Esprit de Dieu pour sonder la prophétie, car la bible nous dit : " Dieu nous les a révélées par l'Esprit. Car l'Esprit sonde tout, même les profondeurs de Dieu. " 1 Corinthiens 2 :10.

- **Comment répondre à un appel**

Répondre à un appel est plus simple que bonjour, celle que nous venons d'apprendre précédemment sur "le moyen que Dieu appel ses ministres" nous trouvons plus cette phase : **Me voici.** Être présent à l'appel.

C'est une façon d'être disponible et disposé pour aller à la mission, quelles que soient la réalité et la situation qu'il éprouve. Il est présent pour affronter le risque afin de réussir sa mission.

La disponibilité c'est un état d'une personne qui est en bonne relation avec son Dieu. Une vie de sainteté, être conduit par le Saint-Esprit, vivre sa présence dans toutes tes œuvres.

Esaïe dit : j'entendis la voix du seigneur, disant : Qui enverrai-je, et qui marchera pour nous ? Je répondis : me voici, envoie-moi. Esaïe 6 :8. Si Esaïe répondit à la question, c'est parce qu'il était présent. Présent dans la présence de Dieu au moment de l'appel. Seigneur, cherche la personne à envoyer, es-tu présent ?

I.3. Le critère d'une mission

Mission : C'est une lourde charge qu'on donne à quelqu'un, avec plein pouvoir pour faire quelque chose.

> ➢ Une mission doit être claire et compréhensive à la personne qui parte à la mission.

Dieu lui dit : n'approche d'ici, enlève tes sandales, car le lieu où tu te tiens est un lieu sacré. Puis il ajouta : **je suis le Dieu de tes ancêtres, le Dieu d'Abraham**... alors Moïse se couvrit le visage, car il avait peur de regarder Dieu. L'Eternel reprit : j'ai vu la détresse de mon peuple en Égypte et j'ai entendu les cris que lui font pousser ses oppresseurs. Oui ; je sais ce qu'ils souffrent. **C'est pourquoi je suis venu pour le**

délivrer... et le conduire vers un bon pays, un pays coule le lait et le miel, celui qu'habitent les Cananéens... **va donc maintenant : je t'envoie vers le pharaon, pour que tu fasses sortir d'Égypte les israélites, mon peuple.** Exode 3 :5-10

Prémices : Dieu se présente d'abord de la manière claire à la personne pour éviter la confusion, il se fait voir ce qu'il est : '' **le Dieu de vos ancêtres, le Dieu d'Abraham...**'' dans chaque mission Dieu se présente toujours. Et à chacun, il se présente d'une façon compréhensive, de même il se présentait à Saül dans la route vers Damas : Saul demanda, qui es-tu seigneur ? Et le seigneur dit : **je suis Jésus que tu persécutes.** Actes 9 :3-5

Second : Dieu révèle le motif de la mission, ce qui lui pousse à agir : '' **j'ai vu la détresse de mon peuple en Égypte et j'ai entendu les cris qui font pousser ses oppresseurs.**'' Ce qui a motivé Dieu ce sont les pleurs et la détresse de son peuple, donc avant une mission Dieu lui-même étudie le nœud du problème d'abord. Il ne pourrait pas envoyer un Égyptien pour délivrer son peuple. Et la personne choisie connaît aussi les situations qu'ils traversent afin de bien interpréter sa mission.

Trois : Dieu lui-même part à la mission pour sauver son peuple : " **c'est pourquoi je suis venu pour le délivrer** ". Donc la personne qui part délivrer son peuple n'est pas Moïse, mais lui-même. Nous ne sommes que des instruments que Dieu utilise pour accomplir sa mission. Et de nombreuses personnes ont toujours tendance à présenter leurs faiblesses à Dieu pour montrer qu'ils ne sont pas dignes d'effectuer la mission. « Ah ! Seigneur, dit moïse, je ne suis pas un homme qui a la parole facile. Et ce n'est ni d'hier, ni d'avant-hier, ni, même, depuis que tu parles à ton serviteur ; car j'ai la bouche et langue embarrassées. L'Eternel lui dit : Qui a fait la bouche de l'homme ? Et qui rend muet ou sourd, voyant ou aveugle ? N'est-ce pas moi, l'Eternel ? Va donc, je serai avec ta bouche, et je t'enseignerai ce que tu auras à dire. » Exode 4 :10-12

Retenait ceci, nous sommes que des instruments que Dieu utilise pour achever sa mission, il n'est pas nécessaire de lui présenter nos faiblesses.

Quatre : après tout discours l'éternel Dieu nous envoie d'aller à la mission, car tout est clair. " **Va donc maintenant** " nos défauts et les ennemis n'ont ni pouvoir sur une mission de Dieu, car, la bible nous enseigne que le seigneur nous a donné le pouvoir de marcher sur les serpents, les scorpions, et sur toute la puissance de l'ennemi, rien ne nous détruira. Luc 10 :19. Ayons toujours confiance en lui, même dans le moment difficile, car la mission et la réussite dépendent de lui.

I. LE MINISTERE

II.   CE QUI TUE LE MINISTERE

En suivant le point précédent, nous trouverons que dans chaque sous-point nous avons déjà parlé petit à petit sur ce qui tue le ministère. Mais dans cette partie nous allons amplifier et éclaircir certaines zones qu'on n'a pas encore épinglées enfin de bien encadrer notre thèse.

II.1. La transition entre l'appel et la mission

Après l'appel il y a une période transitoire qui se passe avant la mission, une période de préparation. David ne pouvait pas devenir Roi tant qu'il n'ait rien su sur la royauté, il lui a fallu passer dans le palais royal. Mais de quelle façon ? Lui qui n'est pas de la famille royale ?

« Saül fut tourmenté par le mauvais esprit envoyé par Dieu. Et on lui proposa de chercher un homme qui sait jouer la musique enfin qu'il la joue au moment où il sera tourmenté, c'est de cette manière qu'il sera soulagé. Après la recherche on trouve David l'oint de Dieu pour jouer la musique. David plaisait beaucoup à Saül, et Saül demanda David à son père Isa qu'il reste avec lui pour un moment. Et David resta si longtemps au palais royal. » 1 Samuel 16 :14-23

Ce qui est étonnant David qu'on a oint pour devenir Roi, devient le serviteur du Roi Saül, or, si Saül ne mourait pas, l'on ne pouvait pas penser à sa succession, car Israël vivait dans la monarchie. Pour David s'il avait un souhait, c'était la mort de Saül.

Mais dans cette histoire nous trouvons le contraire, David jouait sa lyre pour soulager Saül. En d'autres termes, David intercédait pour Saül envers Dieu. Si Saül mourait si tôt, David ne pourrait rien apprendre sur la royauté d'Israël. Pendant la période transitoire, il y a premièrement **l'apprentissage**, vous ne pouvez pas aller dans une mission que vous ne maitrisiez pas. Il faut que vous appreniez à mieux connaitre le terrain, David savait jouer la musique, paitre les brebis. Il avait lutté contre le lion et l'ours. Mais en ce qui concerne la royauté, il ne savait rien.

Parfois, certaines choses qui nous arrivent sont indépendamment de nos consentements. Or, nous sommes dans la phase préparatoire pour bien accomplir la mission. C'est pour cela que tout ministre de Dieu doit être **patient. L'impatience tue le ministère**. Si David cherchait directement le règne, il n'allait pas réussir. Apprends à être patient dans la vie, car il y a une grande persécution qui t'attend. Si dans cette période, tu n'arrives pas à être patient, tu seras une occasion de chute de ton ministère. David était patient et cela ne signifiait pas qu'il avait oublié sa promesse ou que Dieu l'avait abandonné. Il pouvait dire : Dieu m'a menti, car il fallait me dire que je deviendrais serviteur de Roi, mais il m'a oint Roi.

David était toujours patient. Et la bible nous enseigne : « **réjouissez-vous en espérance. Soyez patients dans l'affliction. Persévérez dans la prière.** » Romains 12 :12. Et ce passage résume tout. David se réjouissait pour cette promesse et il était toujours patient.

David jouait ses mélodies à chaque temps que Saül était tourmenté. Et L'esprit mauvais sortait du corps de Saül. Quelle puissance ! Rien que par la mélodie l'esprit mauvais sortait. Si bien que c'était les mélodies ; nous trouvons que ces mélodies étaient des prières. Donc David priait en chantant. Car, le démon ne sort que par les supplications et des prières. Précédemment, nous avons parlé de la patience. Mais la patience est toujours accompagnée de la **prière**. Jésus avant le début de sa mission, il est parti prier dans un état de jeûne pendant 40 jours et 40 nuits.

La **prière** est l'élément clé dans la vie d'un ministre de Dieu, sans prière, rien ne marchera. La Bible nous dit de **prier sans cesse**, prier sans moindre distraction. David, dans tous ses problèmes, priait Dieu. Psaume 121 :1-8. La prière c'est un dialogue entre l'homme et Dieu. Voilà pourquoi il est nécessaire de dialoguer avec la personne qui nous confie une mission, savoir sa volonté, prendre ses directions et lui confier nos préoccupations. Jésus-Christ, celui qui est le fils de Dieu, pendant sa mission, se retirait dans la foule pour prier. Matthieu 14 :23. Combien de fois que tu te retires de la foule pour prier. Si au moins nous comprenons la grandeur de la mission que nous avons. Nous devrons rester chaque jour en contact avec Dieu. Quel est votre programme de prière. Daniel priait trois fois par jour, le matin, le midi et le soir. Quelles que soient les occupations, il respectait son programme.

La prière reste une priorité pour un ministre de Dieu. Comme David nous dit? Je suis dans la joie quand on me dit : allons dans la maison de l'Eternel. Le désir de rester si longtemps dans sa présence, vivre sa bonté et sa miséricorde. Bien-aimés, la prière n'est pas seulement pour le moment de la transition, mais pour toute vie d'un ministre. Avant, pendant et après la mission, nous devons rester dans sa présence. Que la persécution du diable ne nous éloigne pas du seigneur. Paul et Silas dans la prison priaient et chantaient. Ils glorifiaient Dieu, leur but n'était pas que le seigneur l'en délivre dans la prison, plutôt ils louaient Dieu, car il est écrit : « dans chaque circonstance louer et glorifier Dieu » Paul et Silas dans la prison priaient et chantaient. Maintenant nous qui ne sommes pas privés de la liberté à combien plus forte raison nous devons être à sa présence ! VEUX-TU ÊTRE GRAND ? **Persévère dans la prière.**

Pour clore dans ce sous-point la transition, c'est une période d'**apprentissage** qui s'accompagne dans **la patience et la prière**. Un homme patient croit toujours même dans la zone d'ombre, il persévère dans la prière jusqu'à la fin.

II.2. La peur attire l'échec

La peur se définit comme la crainte, la panique, la frayeur, l'émotion pénible produite par l'idée ou la vue d'un danger. Autrement dit, c'est un état de faiblesse.

« La parole de l'Eternel fut adressée à Jonas, fils d'Amithaï, en ces mots : lève-toi, va à Ninive, la grande ville, et crie contre elle ! Car sa méchanceté est montée jusqu'à moi. Et Jonas se leva pour s'enfuir à Tarsis, loin de la face de l'Eternel... » Jonas 1 :1-3. Pourquoi Jonas fuyait, lui qui est le prophète de Dieu ? Quelqu'un qui a reçu l'appel peut fuir une mission ? Cela montre que malgré l'appel de Dieu, Jonas ne reconnaissait pas la grandeur de Dieu. Comment peut-on avoir la peur des hommes que de Dieu ? C'est pour cela Philippe qui habitait avec Jésus-Christ, mais il ne reconnaissait pas qui est vraiment Jésus. Voilà ce qu'il dit : seigneur, montre-nous le père et cela nous suffit. Jésus lui dit : il y a si longtemps que je suis avec vous, et tu ne m'as pas connu, Philippe ! Celui qui m'a vu a vu le père ; comment dis-tu montre-nous le père ? Jean 14 :8-9. Beaucoup d'hommes de Dieu vivent dans la présence de Dieu sans pour autant reconnaitre sa grandeur, et cela se montre dans des situations troublantes.

Jonas cherchait à fuir son Dieu à Tarsis, n'est-ce pas que Dieu est omniprésent ? La personne qui connait son Dieu pourrait agir de la sorte. Il ne fuyait pas seulement Dieu, mais il détruisait aussi sa mission. Car l'ignorance tue. David nous dit : « l'Eternel est ma lumière et mon salut : de qui aurais-je crainte ? L'Eternel est le soutien de ma vie : de qui aurai-je peur ? Quand les méchants s'avancent contre moi, pour dévorer ma chair, ce sont mes persécuteurs et mes ennemis qui chancellent et tombent... » Psaume 27 :1b, je souhaiterai que nous lisions ce passage jusqu'à la fin. David n'avait peur de rien, quel que soit la taille de l'adversaire, toujours confiance en Dieu. La peur c'est un art de non-croyant, l'homme de peu de foi. Jésus a toujours répété ce mot à chaque fois que les disciples avaient peur. **L'homme de peu de foi.** Matthieu 8 :24-26.

Jonas fuyait à Tarsis et voilà ce qui est arrivé : L'Eternel fit souffler sur la mer un vent impétueux, et il s'éleva sur la mer une grande tempête. Le navire menaçait de faire naufrage. À cause d'une personne, tout le monde allait mourir, lui qu'il savait le problème, il s'enfuit dormir au fond du navire, jusqu'à ce que le pilote lui trouvât, ensuite on lui demanda : **qui nous attire ce malheur.** À cause de ta peur et tu as fuis la mission, ta famille périsse, ton entourage meurt. Certain malheur qui frappe nos familles, nous sommes la cause. Pourquoi avoir peur, nous qui avons un Dieu vivant ! Que votre ennemi ne vous trouble pas, car nous avons un Dieu tout puissant, croyons en lui et on réussira.

II.3. Les entourages

Le mot "entourage" s'exprime dans plusieurs contextes. Mais celle que nous parlons dans ce sous-point se définit de la manière suivante : Ensemble de ceux qui entourent ordinairement quelqu'un, qui vivent dans sa familiarité. Des personnes qu'on partage avec nos sentiments et nos préoccupations.

Ton entourage peut être tes amis, ta famille, ton amant, tes collègues de travail et autre. Toutes ces personnes peuvent être de bons compagnons pour ton ministère et il peut aussi être une occasion de chute pour toi.

« Mais Roboam laissa le conseil que lui donnaient les vieillards, et consulta les jeunes gens qui avaient grandi avec lui et qui l'entouraient. Il leur dit : que conseillez-vous de répondre à ce peuple qui me tient ce langage : allège le joug que nous a imposé ton père ? Et voici ce que lui dirent les jeunes gens qui avaient grandi avec lui : tu parleras ainsi à ce peuple qui t'a tenu ce langage : ton père a rendu notre joug pesant, et toi, allège-le-nous ! Tu leur parlais ainsi : mon petit doigt est plus gros que les reins de mon père. Maintenant, mon père vous a chargés d'un joug pesant ; et moi je vous rendrai plus pesant ; mon père vous a châtiés avec des fouets, et moi je vous ai châtiés avec des scorpions. » 1 Rois 12 : 10- 11.

Roboam a considéré le conseil de ses amis que celle des vieillards. Et voilà ce qu'il arrivait, tous les peuples ses révoltaient contre lui, jusqu'à ce que Israël fût séparé en deux parties, une grande partie avec dix tribus sont parties chez Jéroboam comme capital Samarie, il lui restait que deux tribus Juda et benjamin. Lui qui était censé de régner sur tout Israël, mais à cause de mauvais compagnons, voilà ce qui est arrivé, les frères de sang se sont séparés. Israël séparé jusqu'à la naissance de Jésus-Christ. A qui confiez -vous vos problèmes ? As-tu de bons compagnons ? Si Roboam avait considéré le conseil des vieillards, est-ce que Israël pourrait se séparer ?

Bien-aimé, l'entourage peut te détruire, il est nécessaire que les serviteurs de Dieu choisissent de bons compagnons dans la vie, des personnes qui peuvent contribuer à l'évolution de leur ministère. Job croyait avoir une bonne femme, mais dans le moment pénible cette femme lui a poussé à renier le seigneur, même ses proches, des amis de tout le temps l'ont trahi. Prend le temps de choisir tes compagnons, il est nécessaire et préférable qu'un chrétien vive ensemble avec les croyants afin qu'il parle un même langage et qu'ils se soutiennent dans des moments difficiles.

« Vers le même temps, le roi Hérode se mit à maltraiter quelques membres de l'église. Et il fit mourir par l'épée Jacques, frère de jean. Voyant que cela était agréable aux juifs, il fit encore arrêter Pierre… **Pierre donc était gardé dans la prison ; et l'Église ne cessait d'adresser pour lui de prières à Dieu.** » Actes 12 :1-5. Dans le ministère il y a le haut et le bas, il nous faut des personnes qui peuvent nous soutenir, encourager, nous conseiller afin que nous achevions notre mission. Ton amant, tes amis, ta famille peuvent être une vraie pierre d'achoppement pour ton ministère.

Il est difficile de vivre seul sans un entourage ; Jésus-Christ, Fils de Dieu, sur la terre où il était entouré par ses disciples. Nous tous, nous avons des amis. Mais avec quel ami cohabitez-vous ? Roboam a perdu dix tribus à cause de son entourage. Peut-être que tu as aussi échoué à cause de ton entourage, de personnes à qui tu confies tes secrets. Bien-aimés, soyons prudents des hommes à qui nous confions nos problèmes, le seul ami fidèle c'est Jésus-Christ.

II.4. L'orgueil et la confiance en soi

L'orgueil se définit de la manière suivante : une opinion très avantageuse de soi-même, sentiment très vif, le plus souvent exagéré, et parfois injustifié, qu'une personne a de sa valeur personnelle, de son importance sociale, généralement aux dépens de la considération due à autrui.

La confiance en soi c'est un état d'une personne qui ne doute ni d'elle-même ni de la bonne fin de ses projets.

Nous voulons parler sur les deux mots ensemble, celle qui ne se définit pas de la même manière, mais qu'il pourrait nous éclaircir dans ce sous-point. Car dans le mot orgueil nous pouvons voir la « confiance en soi » en exagération.

« Elle dit alors : les Philistins sont sur toi, Samson ! Et il se réveilla de son sommeil, et dit : je m'en tirerai comme les autres fois, et je me dégagerai. Il ne savait pas que l'Eternel s'était retiré de lui. Les Philistins le saisirent, et lui crevèrent les yeux ; ils le firent descendre à Gaza, et le lièrent avec des chaines d'airain. Il tournait la meule dans la prison. » Juges 16 :20-21. C'est une histoire triste, Samson qui a battu et terrorisé les Philistins pendant vingt ans, mais qui est tombé. Un échec qui l'amena jusqu'à la fin de sa carrière et à sa mort. Quelle leçon pourrait être tirée de cette histoire ?

Étudions les deux phrases de ce passage biblique :

➢ Premièrement : **je m'en tirerai comme autres fois, et je me dégagerai.** Samson prononçait ces mots avec confiance en lui et orgueil, car il croyait le tout puissant. Il a utilisé le verbe "être", première personne du singulier « **je** » or **j'**exprime une personne sans pourtant reconnaitre la présence des autres. Samson se fait au-dessus de tous, il ne reconnait plus que tout ce pouvoir provenait de Dieu l'être suprême. Samson tuait les Philistins non pour la gloire de Dieu, mais plutôt de lui. Il était revêtu de l'orgueil et de la confiance en soi. Or la bible nous dit : « l'arrogance précède la ruine, et l'orgueil précède la chute. » Proverbe 16 :18. Beaucoup de serviteurs de Dieu sont devenus des orgueilleux à cause des accumulations de réussite. Il trouve que tout est devenu facile pour lui et il peut faire tout ce qu'il veut, car il a le pouvoir sur tous les démons sur la terre. Ils ses donnent de nouveaux noms : prophète de la nation, invulnérable, le mercure du moment. Et tant d'autres. Ils oublient la source de leur élévation. Mes confrères ; Dieu ne nous a pas choisis pour qu'on se fasse voir. Mais plutôt pour montrer sa gloire. À cause de l'orgueil, certains ont conditionné la délivrance, la prophétie, la prière... parce qu'il pense qu'il est le seul à combattre les Philistins. Si Dieu t'a choisi et t'a confié un don, ce n'est pas pour ton intérêt personnel, c'est plutôt pour un intérêt commun. L'orgueil ne te produira que de la ruine et la chute de ton ministère.

➢ Deuxièmement : **il ne savait pas que l'Eternel s'était retiré de lui.** Après avoir dévoilé son secret en prétendant à cause de l'amour, il oublia que toute sa force résidait sur sa tête. Il se réveillait du sommeil pour dire je m'en tirerai comme les autres fois. Parfois dans l'orgueil, nous oublions des principes fondamentaux. Samson ne savait pas que l'Eternel s'était retiré de lui. Or le pire ennemi de l'homme c'est de vivre dans l'ignorance, surtout d'être ignorant de ce que tu es. Dans cette partie Samson ne pensait même pas que Dieu pourrait se retirer de lui, même s'il a dévoilé le secret. Celui qui ne connaît pas quelque chose ou qu'il est sous-informé, c'est un ignorant. Et l'ignorance tue. L'orgueil nous pousse dans l'ignorance, et nous oublions que nous ne sommes pas le seul que Dieu a élevé. Le don que nous possédons est pour l'intérêt de tous. Samson commençait à ignorer une vérité, à force de gagner plusieurs batailles, il ne croyait plus que sa force résidait dans ses cheveux. Si au moins qu'il reconnaissait cela ! quel que soit l'importunément de sa femme, il ne pourrait pas lui dévoiler son secret. C'est pour cela veillons à notre choix du conjoint, car c'est aussi la clé de l'échec du ministère pour plusieurs hommes de Dieu.

Bien-aimés, que notre réussite dans la bataille ne nous induit pas dans l'orgueil. L'orgueil attire les hommes dans l'ignorance. David dit : ce n'est ni par l'épée ni par la lance que l'Eternel sauve. Car la victoire appartient à l'Eternel. Si nous sommes aujourd'hui célèbre par l'accumulation de victoire, ce n'est ni par nos forces et ni par notre puissance. Car la victoire appartient à un seul, le Dieu des armés, le tout puissant, alpha et oméga, le seigneur de seigneur. Dans le livre de Luc 14 :10-11 '' Mais, lorsque tu seras invité, va te mettre à la dernière place, afin que, quand celui qui t'a invité viendra, qu'il te dise : mon ami, monte plus haut, alors cela te fera honneur devant ceux qui seront à table avec toi. Car quiconque s'élève sera abaissé, et quiconque s'abaisse sera élevé." L'orgueil et la confiance en soi n'est rien que l'ignorance. Et l'ignorance tue le ministère. Soyez humble, car l'humilité précède la gloire.

II.5. **Le Repos pendant la bataille**

Le repos se définit de la manière suivante : une privation, cessation de mouvement d'activité pour faire disparaitre la fatigue. Le repos est très nécessaire dans la vie d'un homme, voir même Dieu a créé le monde pendant six jours et le septième il se reposa. Le repos permet à l'homme de se rafraîchir et de reprendre une nouvelle heure. Tout homme est obligé de se reposer, même dans le plan de Dieu, il a planifié la nuit pour se reposer.

Cependant dans ce sous-point nous parlons du repos pendant la bataille, à quoi le repos pourrait être une occasion de chute pour le ministère ? La bataille est plus utilisée par des soldats pendant un affrontement. Une bataille c'est un affrontement de deux ou plusieurs camps pour un objectif précis. Et à la fin de la bataille, il y a un vainqueur.

« L'année suivante, au temps où les Rois ses mettaient en campagne, David envoya Joab, avec ses serviteurs et tout Israël, pour détruire les fils d'Ammon et pour assiéger Rabba. Mais David resta à Jérusalem. Un soir, David se leva de sa couche ; et, comme il se promenait sur le toit de la maison royale, il aperçut de là une femme qui se baignait, et qui était très belle de figure. David fit demander qui était cette femme, et on lui dit : n'est-ce pas Bath Scheba, fille d'Eliam, femme d'Urie, le héthien ? Alors David envoya des gens pour la chercher. Elle vint vers lui, et il coucha avec elle. » 2 Samuel 11 :1-4

Une histoire si triste pour parler de ça, un homme de Dieu comme David, personne ne pourrait croire à ça. Le seul et unique homme que Dieu a dit : " l'homme selon mon cœur ", un vrai adorateur de Dieu. Qu'est-ce qu'a fait que David puisse tomber devant cette femme ? Cette femme habitait là depuis plusieurs années, pourquoi David ne la voyait pas avant ? Est-il la première fois que David montait sur ce toit ? Je ne pense pas, ce jour-là, David n'avait rien à faire, il se réveillait le soir par manque à faire, il a préféré de se promener et tout à coup, il voit une femme qui se baignait, très belle de figure. Si au moins David avait une préoccupation nécessaire peut-être il ne pourrait pas attirer son attention envers la femme, c'est par manque à faire que David a regardé et il a convoité.

II.5.1. La convoitise et la pensée

➤ **La convoitise** vient du verbe convoiter. Et il se définit comme suit : désirer avidement ce qu'un autre possède.

> **La pensée se** définit de plusieurs manières, mais nous allons retenir quelque définition :

1) Platon définit là pensée comme : discours intérieur que l'âme tient en silence avec elle-même.

2) Penser est une activité psychique, consciente dans son ensemble (mais parfois incontrôlée), qui recouvre les processus par lesquels est élaborée, en réponse aux perceptions venues des sens, la synthèse des images et des sensations réelles et imaginaires qui produisent les concepts que l'être humain associe pour apprendre, créer, agir, et communiquer dans la réalité.

En définissant les deux mots, nous pouvons reformuler la définition de convoitise comme un effet de penser aux biens d'autrui et porter toute son intention dans l'envie de la procurer.

Au sujet de la convoitise, voilà ce que Jésus nous dit : " vous avez appris qu'il a été dit : tu ne commettras point d'adultère. Mais moi, je vous dis : que quiconque regarde une femme pour la convoiter a déjà commis un adultère avec elle dans son cœur. Matthieu 5 :27-28

Donc David a commis déjà un péché en

convoitant cette femme. Toutes ces pensées étaient portées sur elle. En ce moment-là, David ne pensait à rien, sauf à cette femme. Et je crois que David avait déjà commis l'adultère avec elle dans sa pensée, il voyait comme il est déjà ensemble avec la femme. Donc son imagination l'apportait jusqu'à lui pousser d'être incontrôlable. Bien-aimés ; nos pensées peuvent nous apporter et nous induire à l'erreur pour pécher. David ne pourrait plus résister à ses propres pensées. La convoitise c'est une arme redoutable pour séduire les peuples de Dieu. Soyons prudents de tout ce que nous pensons pendant la journée. Beaucoup de serviteurs de Dieu trébuchent pendant la journée par leur pensée et si l'éternel Dieu vous adopte les yeux pour voir ce que pensent les hommes pendant la journée tu finiras par regretter. J'aimerais que nous attirions l'attention dans cette partie, car il est le cerveau de notre thèse. David c'est un modèle pour plusieurs serviteurs de Dieu. Il n'y a personne dans la bible qui adorait Dieu comme lui, c'est une icône. Mais pourquoi il a trébuché ? Bien-aimés ; tout est basé par les pensées, l'homme est le reflet de ses pensées. Si le diable fut précipité sur la terre, c'était à cause de la convoitise. Essaie 14 :13-14 : " Tu disais en ton cœur : je monterai au ciel, j'élèverai mon trône au-dessus des étoiles de Dieu ; je m'assiérai sur la montagne de l'assemblée, à l'extrémité du septentrion, je monterai sur le sommet des nues, je serai semblable au Très-Haut." Voilà ce que le diable pensait avant qu'il soit précipité sur la terre. Tout à commencer par la pensée, de même avec David. C'est pour cela que la convoitise marche de pair avec la pensée. La bible nous dit : que personne lorsqu'il est tenté, ne dise : c'est Dieu qui me tente. Car Dieu ne peut être tenté par le mal et il ne tente lui-même personne. Mais chacun est tenté quand il est attiré et amorcé par sa propre convoitise. Bien-aimés ; comment tu gères tes sentiments pour ne pas tomber dans la convoitise ? Eve fut tentée par le Diable parce que lui-même fut attiré de la beauté de l'arbre. Elle a vu l'arbre était bon pour manger et agréable à la vue. Lui qui n'a jamais gouté cela comment savoir qu'il était bon à manger ? Bien-aimés ; la convoitise lorsqu'elle se conçoit, elle enfante le péché, le péché étant consommé produit la mort. Prenons le temps, mes frères, à faire le bilan journalier et nous comprendrons que pendant la journée nous trébuchons souvent par nos pensées qui amènent à la convoitise.

II.5.2. Une opportunité pour l'adversaire

➢ **L'opportunité** : c'est un moment ou une circonstance favorable, une occasion convenable pour aboutir à une situation quelconque.

➢ **L'adversaire** : est une personne qui est opposée à une autre, dans une lutte, une compétition ou un procès. Etc.

Comme nous avons souligné dans les lignes précédentes que le repos est très capital dans la vie de l'homme, il nous permet de nous réconforter. Mais sa nécessité est pour un temps précis, sinon ça pourrait être une occasion d'échec pour toi.

Juges 16 :5-6 " Les princes des Philistins montèrent vers elle, et lui dit : flatte-le, pour savoir d'où lui vient sa grande force et comment nous pourrions nous rendre maitres de lui ; nous le lierons pour le dompter, et nous te donnerons chacun mille et cent sicles d'argent. Dalila dit à Samson : dis-moi, je te prie, d'où vient ta grande force, et avec quoi il faudrait te lier pour te dompter."

Juges 16 :18 " Dalila, voyant qu'il lui avait ouvert tout son cœur, envoya appeler

les princes des Philistins, et leur fit dire :
montez cette fois, car il m'a ouvert tout son
cœur. Et les princes des Philistins
montèrent vers elle, et apportèrent l'argent
dans leurs mains. "

Pendant que Samson prenait du repos,
se détendre avec sa femme. Les princes des
Philistins ses préparaient et multipliaient
des efforts pour abattre Samson. Cette
histoire, nous l'avons déjà exploitée pour
montrer l'orgueil et la confiance en soi que
possèdent nos serviteurs quand il y a des
accumulations de victoire. Maintenant nous
allons encore tirer une leçon si importante.
Au moment où l'Israël avait de conflit avec
les Philistins et Samson était juge en Israël.
Mais Samson préféra prendre une femme de
la famille philistine. C'était déjà une
opportunité que lui-même leur avait offerte.
Pendant qu'il était en conflit avec les
Philistins, pour lui la meilleure femme était
une Philistine, la personne qui devrait
partager ses moments des jouissances et de
repos. À combien plus forte raison que la
réussite de Samson pourrait attrister sa
femme, car c'était sa famille qui mourait du
jour au jour. Bien-aimés ; aimer vos
ennemis comme dit la bible ne signifie pas
se faire ami de ton ennemi. Lui-même se
créait une opportunité pour son adversaire.

Rappelez-vous de ce qu'on avait parlé sur l'entourage. Il faut choisir de bons compagnons. Samson avait déjà ce problème de choix. C'est pourquoi il se créait des problèmes et opportunités pour son adversaire. Dans cette histoire, nous voyons que Samson passait tout son temps à satisfaire sa femme que de se concentrer sur sa mission. Pendant que les Philistins multipliaient leur stratégie pour réussir à le détruire. Beaucoup de personnes pensent que l'absence physique de son adversaire et la présence de Dalila sont la réussite totale dans la bataille. Bien-aimés ; notre adversaire qui est Satan à plusieurs stratégies pour nous anéantir, il lui suffit de trouver l'opportunité. Quel genre de soldat pendant la bataille peut chercher à se jouir avec une femme ? Des plus en plus Samson considérait son adversaire faible, Dalila devenait leur point fort. Même la théorie d'apprentissage nous enseigne, c'est par essai et erreur qu'on atteigne l'objectif. Bien-aimés ; ne te laisse pas emporter par le sentiment, reste toujours concentré et persévère dans la prière. Mieux vaut la fin d'une chose que son commencement. Si au moins Samson comprenait que tout ce temps qu'il passait avec Dalila était une opportunité pour les Philistins ! Peut-être tout ne pourrait pas finir de cette manière. Bien-aimés ; toute chose a son temps. Il Y a un temps pour le combat et il y a aussi un temps de repos. Nous ne pouvons pas nous reposer pendant le combat, c'est une opportunité pour notre adversaire.

III. QUOI-FAIRE PENDANT LA PERDITION

La Perdition c'est un état d'une personne qui perd son âme, une période de périr. Une période d'une fin malheureuse ou violente d'un homme.

Bien-aimés ; j'espère que cette partie est très capitale, il y a plusieurs serviteurs de Dieu qui sont déjà dans la perdition, à cause de tout ce que nous avons énuméré tout au long de notre exposée. Et tout cet homme de Dieu pourrait finir dans l'enfer s'il ne revient pas à Dieu. Et nous espérons que ce point peut nous aider à revenir dans la bonne marche. Mais de quelle façon ?

Jonas 2 :8-10 " Quand mon âme était abattue au-dedans de moi, **je me suis souvenu de l'Éternel**, et **ma prière est parvenue jusqu'à toi**, dans ton saint temple. Ceux qui s'attachent à de vaines idoles éloignent d'eux la miséricorde. Pour moi, **je t'offrirai des sacrifices avec un cri d'action de grâce, j'accomplirai les vœux que j'ai faits** : le salut vient de l'Éternel."

Nous allons étudier ce passage biblique petit à petit pour mieux comprendre cette partie.

Premièrement Jonas dit : " **je me suis souvenu de l'Éternel** "; qu'est-ce qui a poussé Jonas à se souvenir de Dieu ? Cette histoire s'était passée lorsque Jonas cherchait à fuir la présence de Dieu et il était englouti par un grand poisson pendant trois jours. Le mot **souvenir** s'est défini comme suit : " avoir la mémoire de quelque chose, rappeler. Dans d'autres dictionnaires nous disons c'est avoir du ressentiment." En effet, si nous ressentons quelque chose, ce que nous avons déjà perdu le premier sentiment ! Jonas s'est souvenu de l'Éternel, autrement, il s'est rappelé de l'Eternel. Cela montre qu'il avait oublié son Dieu, son premier amour. Jonas avait même refusé la mission de Dieu en fuyant à Tarsis. Donc il était déjà dans la perdition. Jonas pourrait finir sa vie dans l'enfer. Mais le plus essentiel est Jonas dans le ventre de gros poisson, il s'est souvenu de l'Eternel. Se souvenir de l'Eternel est le premier pas vers le bon chemin. C'est la **prise de conscience**, il faut que la personne qui est dans la perdition puisse prendre conscience qu'il était loin de son Dieu. Rappelez-vous de l'histoire de l'enfant prodige. Lui qui avait décidé de quitter la maison de son père. Luc 15 :17-18 : " Étant rentré en lui-même. Il se dit : combien de mercenaires chez mon père ont du pain en abondance, et moi, ici, je meurs de faim…" premièrement, l'enfant s'est souvenu de la bonté de son père. On ne peut quitter la perdition sans pourtant prendre conscience, dans la prise de conscience nous avons **la reconnaissance de son état actuel**, reconnaitre qu'il est dans la perdition, qu'il avait tourné le dos vers son Dieu le père, il est prêt à réparer ses défauts et revenir à Dieu. Bien-aimés ; prenez conscience de tout ce qui arrive dans la vie, n'est-il pas dans la perdition ? Si oui la première chose est de reconnaitre vos défauts et de prendre conscience.

Deuxièmement, Jonas dit : '' **Et ma prière est parvenue jusqu'à toi** ''qu'est-ce que t-il passé pour que sa prière puisse être exaucée ? Donc il lui a fallu premièrement de prendre conscience qui était dans la perdition, il était dans la mauvaise voie. Or, la bible nous enseigne que Dieu n'exauce pas la prière de méchant et des hommes égarés. C'est pour cela que nous devons nous humilier devant lui, en demandant pardon de tout ce qu'on a commis. Car, le salaire du péché c'est la mort ; mais le don gratuit de Dieu est la vie éternelle en Jésus-Christ. Et il nous enseigne encore : si nous confessons nos péchés de tous nos cœurs, il est fidèle et juste pour nous pardonner. Bien-aimés ; après la prise de conscience, nous devons confesser nos péchés enfin d'être pardonné. Et le seul moyen idéal pour confesser c'est à travers la prière. La prière est le chemin qui nous amène dans la repentance. C'est dans la prière qu'on peut entretenir avec Dieu. Jonas est resté trois jours dans le ventre du poisson et il pourrait rester plusieurs jours tant qu'il n'avait pas toujours la conscience de sa perdition et de s'humilier devant Dieu dans la prière.

Troisièmement Jonas dit : **" je t'offrirai des sacrifices avec un cri d'actions de grâces. "** Nous devons être reconnaissants envers Dieu de nous avoir pardonnés du péché. Comme Jonas a pris acte d'offrir à Dieu des sacrifices. Bien-aimés ; offrir des sacrifices à Dieu n'est pas seulement une offrande vivante ou en espèce. Car la bible nous dit offrons nos corps comme une offrande agréable à Dieu. Le plus important c'est notre disposition de cœur envers Dieu. Après avoir été pardonnés, nous devons changer notre façon de vivre, du jour au jour nous devons le louer, l'adorer, montrer combien plus fort que nous sommes reconnaissants de nous avoir renouvelé sa bonté. Témoigner au monde que Dieu t'a sauvé dans la perdition et il a renouvelé sa bonté pour toi.

Quatrièmement, Jonas dit : **" j'accomplirai les vœux que j'ai faits."** Il est nécessaire à toute personne qui était dans la perdition de prononcer ses vœux au temps présent. **Cette fois-ci je dois accomplir le vœu que j'ai fait.** Nous devons reprendre la mission pour en finir jusqu'au bout. Jonas, après qu'il était sorti du ventre de poisson, il a repris sa mission. Il n'avait plus peur, il ne craignait rien. Toute la ville était persuadée du message. Et le message était parvenu jusqu'au Roi de Ninive et il a décrété un jeûne de prière pour toute la ville. Ce qui semblait difficile pour lui est devenu facile. Parce qu'il a cru et souvenu de l'Eternel.

Bien-aimés ; même si vous êtes déjà dans la perdition, il n'est pas encore tard tant que vous viviez encore. Faisons seulement comme Jonas, premièrement, il s'est souvenu de l'Eternel en suite, il s'est humilié devant Dieu dans la prière, il offrant un sacrifice en acte de reconnaissance et à la fin, il a repris la mission enfin d'aboutir à ce qu'il avait commencé. Si nous sommes capables de suivre ce canevas, quels que soient le temps coulé et la durée de notre perdition, notre Dieu est miséricorde, il va nous pardonner et nous rétablir dans sa mission. De même comme il a fait pour l'enfant prodigue qu'il avait décidé de prendre son héritage et partir loin de son père. Mais le jour où il accepta de retourner vers son père, il a été accueilli à bras ouvert.

CONCLUSION

Comme dans l'introduction, nous avons parlé sur notre grand thème de la brochure qui s'intitule **CE QUI TUE LE MINISTERE,** et tout au long de notre développement nous avons parlé ligne par ligne pour éclaircir le peuple de Dieu. Notre thème a été départagé en trois grandes parties, dont chaque partie contenait des messages particuliers.

➢ La première partie nous parle sur le **ministère ;** comment Dieu choisit ses ministres pour une mission. Et il nous enseigne que toute personne a une mission sur la terre, rien n'est aux hasards dans notre vie, si nous sommes parmi les vivants, nous avons une raison de vivre. Dieu nous appelle chaque jour, il nous suffit d'accepter pour que la mission commence.

➢ La deuxième partie nous parle sur **ce qui tue le ministère ;** nous avons parlé en long et en large comment le ministère peut être détruit. Le ministère comme une mission peut échouer, si la personne n'est pas bel et bien préparée pendant la période transitoire où l'homme devrait apprendre comment surmonter les preuves pendant la mission, à connaitre la grandeur de Dieu qui est chef de la mission de peur qu'il y ait peur des personnes à affronter pendant la mission ; celle qui lui permettra de bien choisir son entourage. Et à chaque victoire qu'il glorifie son Dieu sans pourtant se considérer comme acteur de sa victoire. Car cela engendre l'orgueil et la confiance en soi, or la bible nous enseigne que Dieu résiste aux orgueilleux et fait grâce aux humbles. Dans cette partie nous trouverons de détail pour mieux en sortir dans des difficultés qui amène dans l'échec.

➢ La troisième partie nous parle sur **Quoi faire pendant la perdition** ; ce qui est vrai beaucoup des serviteurs de Dieu sont d'éraillés de leur chemin. Malgré cela, c'est ne pas encore tard tant qu'ils sont vivants. Dans cette partie nous découvrons comment retourner vers Dieu, même si nous étions dans la perdition, Dieu est capable de nous pardonner si nous souvenons de lui en rendra compte de notre état de la perdition et nous souhaitons lui revenir. Comme la bible nous dit : si nous confessons nos péchés envers lui, il est juste pour nous pardonner.

Pour conclure, tout homme a une mission que Dieu lui a confiée. Et chaque mission a son commencement et sa fin, quel que soit la durée, restons toujours là. Retenons que dans chaque mission, il y a des tempêtes, parfois nous nous sentons perdues. Mais plutôt restons concentré dans la prière et ne s'éloignons pas dans sa présence. Même si nous sommes déjà dans la perdition, retenons que nous sommes des argiles devant un potier qui est Dieu, il peut nous restituer et transformer. Croyons en lui devant toutes les situations et épreuves, car il est le maitre et superviseur de notre mission, il ne nous laissera pas trébucher. Es-tu encore une personne qui ne connait pas sa mission jusqu'à présent ? Prie Dieu de relever ce qui est en toi. Tout homme est appelé à une mission. Son souhait a été toujours que nous réussissions à sa mission, peu importe les preuves, restons dans sa présence, car la couronne de victoire est réservée à celui qui vaincra à toutes les tentations.

REMERCIEMENTS

Mille mercis à vous ;
Vous qui avez permis que ce support prenne naissance. C'est avec vos peintures que nous avons décoré cette œuvre. Votre passage et empreinte si merveilleux a engendré un bon résultat. Merci de tout cœur.
Gloire soit rendu à Dieu notre père qui nous a accordé cette opportunité de rédiger ce livre.
Ainsi, je tiens à vous remercier monsieur le révérend pasteur LUSAMBU MINZONZA pour votre participation et soutien pour l'aboutissement de cette œuvre.
Un remerciement particulier à Monsieur DIASONGUA EMMANUEL pour ses conseils, son soutien et sa participation si généreuse pour donner vie à ce livre.

Je remercie les Pasteurs NGINAMAU LUKOMBO et KALEMBA NZOLAMESO pour votre franche collaboration.
Mille mercis à mes frères MICHEL BAZODILA Idriss et KETO BARTHÉLÉMY pour tout vos orientations et apports afin d'atteindre l'objectif.
Du fond de mon cœur, un grand merci à ma sœur GRÂCE DIASONGUA, qui ma toujours encourager et qui a considérablement

contribuer pour faire de ce rêve une réalité. Quelle chance de vous avoir à mes côtés ! Maison d'édition colline inspirée, votre participation a énormément compté pour la réussite de cette œuvre. Merci à vous.

Mes remerciements sont nombreux car ils incarnent la nature profonde de la participation de tout un chacun de la réalisation jusqu'à la publication de livre.

Merci à vous tous.

Biographie de l'auteur

MBALA ANTOINE REDDY est née à Kinshasa, le 14 Avril 1994. Fils de papa MBALA et de Maman TULONGANA, il est chrétien de l'E.N.S.J.C.M (Église de Notre Seigneur Jésus-Christ dans le Monde), où il évolue dans le département de L'École de dimanche comme moniteur dans le département de Protocole et Presse.